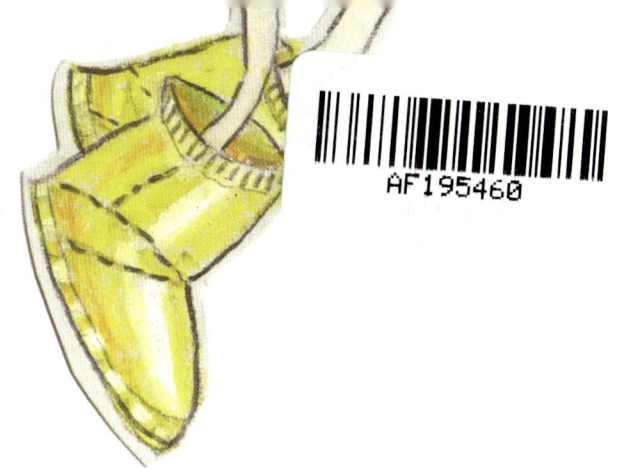
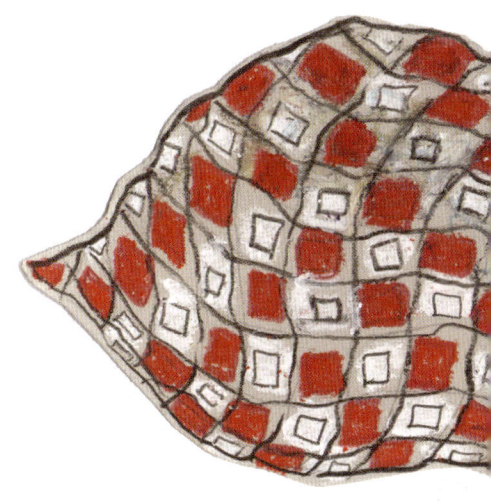

ISBN 978-3-7074-0387-9
4. Auflage 2023

Text: Natalie Hafner-Lugschitz
Illustration: Nina Dulleck

Gedruckt in Europa

© 2008 G&G Verlagsgesellschaft mbH, Wien
Alle Rechte vorbehalten. Jede Art der Vervielfältigung,
auch auszugsweise, gesetzlich verboten.

www.ggverlag.at

Natalie Hafner-Lugschitz

Das Farbenmärchen

Mit Bildern von
Nina Dulleck

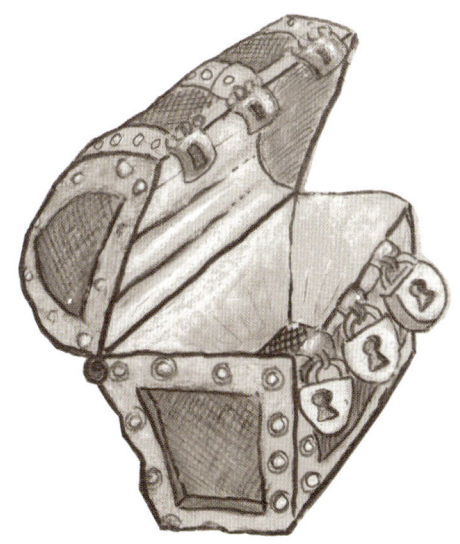

Es war einmal vor langer Zeit ein kleines Königreich.
Es wurde das „Graue Reich" genannt.
Warum es wohl so hieß?
Ja, stell dir vor, in diesem Land war alles grau:
Die Häuser, die Bäume, die Blumen, die Tiere,
die Sonne und die Wolken, die Flüsse und Seen und Berge und Täler,
der Himmel und die Erde.
Selbst die Frauen und Männer und Mädchen und Buben,
sogar der König, die Königin und ihre Tochter,
die Prinzessin, waren grau.

Die graue Prinzessin lebte im grauen Schloss und seufzte.
Und noch einmal und noch einmal.
„Alles ist so eintönig", seufzte sie und wurde noch grauer.
Die Prinzessin wurde mit jedem Tag
dünner und blasser und trauriger.
Bald war sie fast gar nicht mehr zu sehen,
sie war nur mehr ein grauer Schatten von sich selbst.

Da seufzten auch der König und die Königin.
Sie ließen alle weisen Damen und Herren des Landes rufen.
Diese berieten hin und berieten her,
wie sie der Prinzessin helfen könnten.
Doch keiner wusste Rat.

Bis eines Tages ein kleines, verhutzeltes, gebeugtes
altes Männlein in einem grauen Mantel beim König vorsprach.
Es hatte so viele Falten im Gesicht
wie es Wörter auf der Welt gibt.
Hinter seinem Rücken hielt es etwas verborgen:
„Herr König", sprach es und verbeugte sich,
„ich komme aus einem fernen Land
und habe meinen Schatz mitgebracht.
Lasst mich der Prinzessin helfen,
ihr werdet alle staunen und glückselig sein!"
Und der König vertraute dem Männlein und ließ es ein.

Das Männlein ließ sich in den prächtigen,
königlichen grauen Garten führen
und setzte sich genau unter den Balkon der Prinzessin.
Auf sein Geheiß hin schoben die Diener
das Bett der Königstochter so nahe an die Brüstung,
dass sie das Männlein gut sehen konnte.

Das Männlein hantierte an einer hölzernen Truhe,
die mit drei gewichtigen Schlössern versperrt war.
Als sich schließlich der Deckel hob,
blitzte ein helles Licht auf.
Das Licht drehte sich rundherum und
wirbelte als gleißender Strahl um das Männlein.

Alle beobachteten gespannt das Männlein,
das mit seinen Händen das Licht teilte.
In Rot und Gelb und Blau!
Die Farben wirbelten umher,
ordneten sich zu einem Kreis
und tanzten um das Männlein herum.

„Heute ist Farbenfest
in der grauen Welt!
Ihr Farben, sucht euch
den Platz, der euch gefällt!",
rief das Männlein,
und die Farben begaben sich mit ihrem Tanz
in die Welt hinaus …

Rot polterte als Erstes los
und führte die anderen Farben in die graue Welt.
Gefolgt vom strahlenden Gelb,
dem ruhigen Blau, dem frischen Grün.
Hinterdrein kamen das majestätische Orange
und das geheimnisvolle Violett.
Danach spazierte gemächlich
das gemütliche, kuschelige Braun in die Welt.
Weiß ging zuletzt.
„Ich bin das Schlusslicht", sprach es,
„so bleiben alle sicher beisammen."

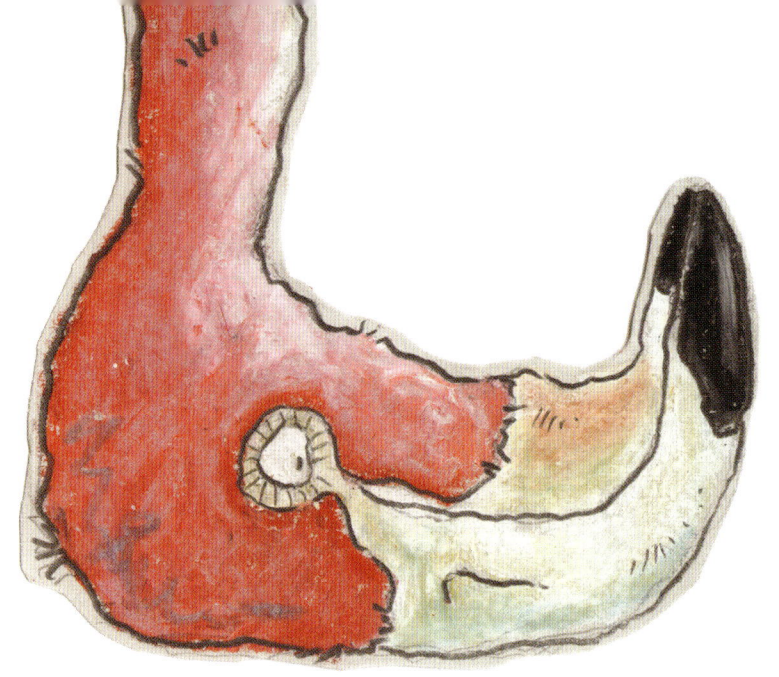

Das Rot schnappte sich ein Radieschen
und stürmte durch die Landschaft.
Es wollte überall hin und alles färben,
die Bäume, die Sträucher, die Häuser,
die Tiere, die Blumen, die Berge, die ganze Welt.
Allen wurde schon ganz schwindlig vor lauter Rot.
Aber es raste gleich weiter,
hinauf auf den Kirschbaum, runter zu den Erdbeeren,
hinüber zu den Himbeeren.
Und da leuchtete es zwischen den Blattspitzen hervor.

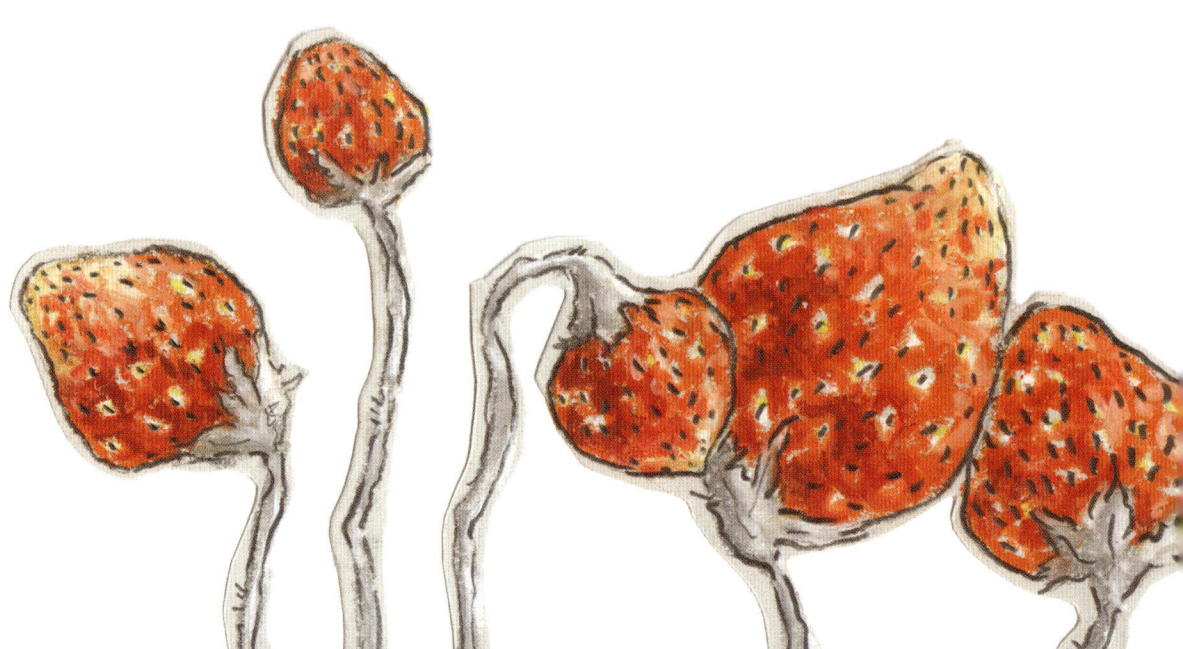

Im Kamin prasselte ein Feuer,
das gefiel dem Rot sehr!
Es sprang mitten hinein.
„Mir wird ganz warm, wenn ich dich sehe", rief die Prinzessin.
Das Rot strahlte, es hatte seinen Platz in der Welt gefunden.

Ein Strahlen, ein Leuchten!
Gelb war in der Welt.
Es flitzte sofort zur Sonne
und leuchtete und strahlte ins Land.
Heiter und fröhlich wurde das Graue Reich beleuchtet.
„Oh", sagte die Narzisse
und streckte sich wohlig dem Gelb entgegen,
„du passt zu mir."
„Und zu mir", riefen da die Frühlingsblumen,
die ihre Köpfe gerade aus der grauen Erde streckten.

Doch das war dem Gelb noch nicht genug,
es strahlte und strahlte und färbte
das reife Korn auf den Feldern
und den Mais und die Kürbisse
und sogar die Bananen.
„Mich hast du vergessen", rief die Zitrone fast beleidigt.
„Ich bin sauer, und sauer macht lustig,
und deshalb muss ich gelb sein!"
Und das Gelb freute sich und strahlte
hierhin und dorthin.

Da floss das Blau herbei, gemächlich und ruhig:
„Ich bin immer da, wenn du mich brauchst", sagte es,
glitt dahin und weitete sich aus.
„Bei mir kannst du träumen …"
In seiner Weite erschien es fern und tief
und zugleich kühl und verlässlich.
Damit es alle Einwohner des grauen Reiches,
der König, die Königin und die Prinzessin
in seiner Weite und Größe sehen konnten,
glitt es bis in den Himmel und von dort ins Meer
und in die Flüsse und Seen.

Nun spazierte das Grün in die Welt.
Es bewegte sich darin,
als gehörte es schon längst dazu.
Es färbte die saftigen Wiesen, den Klee, die Blätter.
Sobald es ein Blatt berührt hatte,
straffte sich dieses, reckte und
streckte sich der Sonne entgegen.
Jetzt leuchteten die Kirschen
und Erdbeeren erst richtig prächtig.

Die Prinzessin setzte sich in ihrem Bett auf.
Ja, auch sie wirkte kräftiger und gesünder,
seitdem das Grün in der Welt war.

Das Orange wollte sich auch
seinen Platz in der Welt suchen.
Es ging ins Land hinein und sah sich um.
Es strahlte majestätisch vor sich hin
und fand einen Platz in der Sonne.
„Nach mir!", protestierte das Gelb.
„Ich war zuerst hier."
Es rutschte aber doch ein wenig zur Seite.
Das Orange sprang weiter und färbte eine Frucht,
sonnengleich und rund.
„Das ist mein Geschenk.
Es soll die Prinzessin zum Strahlen bringen!"

„Wo soll ich bloß hin?",
klagte das Violett.
„Ich bin etwas Besonderes,
ich brauche einen
richtig festlichen Platz!"

Stolz sah es sich um und wartete.
Schließlich entdeckte es
ein paar Blumen und Früchte
und ließ sich gnädig herab,
diese zu färben.

„Die Prinzessin soll ruhig sehen,
wie besonders ich bin.
Meine Früchte und Blumen blühen und reifen
entweder sehr früh
oder sehr spät im Jahr,
wir sind eben sehr edel
und nicht immer zu haben",
verkündete das Violett stolz.

Langsam und mit schwerem Schritt
trat das Braun heran.
„Nun, da bin ich", brummte es.
„Ich merke, ich fehle euch noch."
Und weil es so kräftig war,
legte es sich auf den Boden
und trug von nun an die ganze Welt.
Es färbte die Stämme
und Äste der Bäume.
Wer sollte denn sonst
alle Früchte und Blätter tragen?

„Hey", meckerte das Grau.
„Ihr habt euch alle in meinem Land eingenistet,
das soll mir auch ganz recht sein,
sieht sehr hübsch aus,
aber trotzdem bin ich auch noch da,
ich will nicht ganz verschwinden!"
„Ja, ja", lenkte das Weiß ein.
„Du wirst immer da sein, wir brauchen dich.
Du hilfst uns morgens und abends
und in den Straßen und im Schatten der Sonne
und im Regen und Nebel."
So war auch das Grau zufrieden.

„Ich werde mich jetzt von euch verabschieden", sagte das Weiß, „doch ich werde wiederkommen. Jeden Winter. Ich werde euch zeigen, wie mächtig ich bin. Ich werde euch zudecken, und das wird gut sein, denn dann kann sich die Prinzessin wieder auf die frischen Farben freuen, wenn es Frühling wird …"

Nun erstrahlte eine bunte Welt für die Prinzessin.
Sie hatte sich von ihrem Bett erhoben
und war in den Garten geeilt,
um jede Farbe behutsam zu fühlen.
Und die Farben umspielten die Prinzessin
und ließen sie leuchten.